JN075900

# 仕事のくふう、見つけたよ

## 全3巻

### ① お店ではたらく

**スーパーマーケット、花屋、書店ほか**

スーパーマーケット・コンビニエンスストア・花屋・
美容室・書店・アパレルショップ・スポーツショップ

### ② くらしをささえる

**消防署、駅、図書館ほか**

消防署・図書館・高齢者福祉施設・
病院・駅・宅配便・交番

### ③ ものを作る・育てる

**野菜農家、パン屋、建築現場ほか**

野菜農家・牧場・パン屋・レストラン・
ケーキ屋・建築現場・食品工場

わたしたちのくらしは、いろいろな人が仕事をしてなりたっています。

　おうちの人が買い物をしているスーパーマーケット、みんなに本をかしてくれる図書館、おいしいごはんが食べられるレストラン……、毎日の生活をふり返ると、たくさんのはたらく人のすがたが見えてきます。

　みんなの身近にある仕事から、気になるものをえらびましょう。その仕事のことをくわしく調べて、はたらく人がどんなくふうをしているのか見てみましょう。

　調べたり、見学してわかったことは、ほうこくする文章に書いて、わかりやすくまとめるといいでしょう。

　たくさんの発見に出会ったら、わたしたちのくらしのことを、もっと深く知ることができるでしょう。

調べて、書こう！　教科書に出てくる

# 仕事のくふう、見つけたよ

**2**

くらしをささえる
消防署、駅、図書館ほか

編著　『仕事のくふう、見つけたよ』編集委員会
イラスト　おかざきおか

汐文社

調べて、書こう！教科書に出てくる

# 仕事のくふう、見つけたよ

## ② くらしをささえる——消防署、駅、図書館ほか

もくじ

この本の使い方——3

見学に行く時は——4

| 消防署 | 6 |
| 図書館 | 12 |
| 高齢者福祉施設 | 18 |
| 病院 | 24 |
| 駅 | 30 |
| 宅配便 | 36 |
| 交番 | 42 |

ほうこくする文章を書こう！——44

この本のおわりに
「仕事のくふう ほうこく
シート」があります。
コピーして使いましょう。

＊本書で紹介している仕事内容は一例です。

# この本の使い方

みんなの身近には、
どんな仕事があるか考えてみましょう。
通学路にはどんなお店や施設がありますか。
おうちの人から、レシートを
もらってみてもいいですね。

# 1 調べたい仕事を決めよう

この本では、7つの仕事場をしょうかいしています。自分が調べたい仕事をえらびましょう。

# 2 くわしく調べよう

えらんだ仕事について書かれたページをよく読み、どんな仕事をしているのか、どんなくふうがあるのかを調べましょう。
見学に行く人は4、5ページを見て、じゅんびしましょう。

# 3 ほうこくする文章を組み立てよう

44ページを見て、考えたことやつたえたいことをまとまりにわけましょう。

# 4 ほうこくする文章を書こう

この本のおわりにある「仕事のくふう ほうこくシート」をコピーしたものに、
ほうこくする文章を書きましょう。44〜47ページも読みましょう。

# 見学に行く時は

お店や施設に見学に行く場合は、本やインターネットで、
気になる仕事のことを事前によく調べておきましょう。
そのうえで、調べてわかったことや気になったことを、見学してたしかめてきましょう。
はたらいている人にインタビューするのもいいでしょう。
個人やグループで見学をおねがいする時には、先生やおうちの人とよく相談をしてから、
相手の都合に合わせて日時を決めましょう。

## 持ち物

● **メモ帳**……見学先で聞いたり、見たり、感じたことを、短い
文章で書きとめておこう。

● **ノート**……見学先でたしかめること、はたらいている人に聞
くことを、わすれないように書いておこう。

● **カメラ**……写真にとっておくと、見学のあとでも見られるの
でべんり。写真をとる時には、見学先の人や相手の人に聞い
てから、とるようにしよう。

● **ひっき用具**

リュックだと、
両手が使えて
メモがとりやすい！

## 注意しよう

● 交通ルールをしっかりまもって、安全に気をつけよう。
● 見学先ではさわいだり、かってに物にさわらない。

● 「よろしくおねがいします」のあいさつをしっかりとしよう。
● お世話になった人には、「ありがとうございました」と感しゃの
気持ちをつたえよう。

## はたらく人へのインタビュー

◉じゅんびしておこう。
　事前によく調べて、しつ問を決めて、ノートにメモしておきましょう。
　グループでインタビューをする場合は、「話を聞く人」「メモをとる人」
「写真をとる人」を決めておいてもいいでしょう。

◉インタビューをする。

| | |
|---|---|
| 「こんにちは。わたしは◯◯小学校◯年の◯◯◯◯です。今、◯◯◯◯◯の仕事のくふうについて調べています。インタビューをしてもいいでしょうか」 | ・あいさつをして、名前を言いましょう。<br>・何の調べ学習をしているのかつたえましょう。<br>・相手がいそがしいこともあるので、インタビューをしてもいいか、聞いてみましょう。 |
| 「よろしくおねがいします。しつ問が◯つあります。まずは……」「つぎに……」 | ・インタビューを受けてもらえたら、メモを見て、じゅんじょよくしつ問をしましょう。<br>・相手の目を見てしっかり話を聞きましょう。<br>・わからないことは、その場でたずねましょう。 |
| 「これでインタビューはおわりです。ありがとうございました」 | ・インタビューのお礼を言いましょう。 |

## メモのとり方

◉すばやくメモをとろう。
　・短い言葉で書きましょう。
　・ひらがなだと早く書けます。
　・記号や線を使いましょう。
　・かじょう書きにしましょう。
　・書きまちがえても、消すのはあとにして、そのままつづけて書きましょう。

◉大切だと思ったことには、しるしをつけておく。
◉話す人の方もしっかりと見るようにする。
◉インタビューがおわったら、内ようをおぼえているうちに、メモを読み返す。書きたしたりして、メモを整理しておく。

# 消防署

火事や事故、救急の現場にかけつけ、火を消したり、人の命を助けたりします。出動にそなえて、ふだんから、いろいろな訓練をしています。防災活動も行っています。

# 消防署ではたらいている人

## 救助（レスキュー）隊員

火事や事故、地震などいろいろな災害が起きた時に、現場にかけつけて人の命を助けます。出動にそなえて、いつも救助の訓練にはげんでいます。

## ことば
### 通報

ここでは119番に電話をすること。まず、火事なのか救急なのかを聞きます。

## 消防（ポンプ）隊員

火事の通報を受けて、現場に消防車でかけつけ、消火活動をします。火を消したあとは、火事の原因を調べます。ふだんから訓練や道具の点検を行っています。

## 救急隊員

火事や事故などでけがをしたり、急に具合がわるくなった人を手当しながら、救急車で病院へ運びます。救急救命士の資格を持っている隊員もいます。

## 仕事の道具

### 空気呼吸器

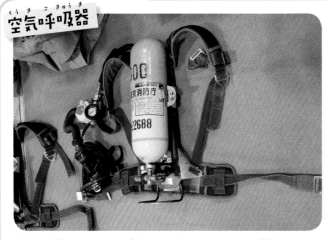

火事の時、けむりの中でも息をするための道具。タンクの中に空気が入っています。

### ロープ

高いところからおりる時や、動けない人を助け出す時に使います。

7

# 消防署のお仕事

消防車といえば、放水活動をするポンプ車やはしご車が有名です。

## 消火活動——消防（ポンプ）隊の出動

119番で火事の通報があると、ただちに現場に近い消防署から消防車が出動します。消防隊員は現場に着くと、すぐに消火活動にとりかかります。放水に使う水は、消火栓（道路にある水道の栓）や池などからとります。

火事の中にとりのこされた人がいれば助け出したり、まわりの建物に火が広がるのをふせいだりもします。

火と向き合うとてもきけんな仕事のため、火事の現場では隊員は防火服を着て、空気呼吸器をつけ活動するなど、安全にも気をつけています。

火事や事故はいつ起こるかわかりません。そのため、消防署では隊員が、24時間いつでも出動ができるように交代ではたらいています。

▲ 火災現場。

▲ 消火活動。

▼交通事故が発生。

▼車のドアをこじ開ける。

## 救助活動——救助（レスキュー）隊の出動

火事だけでなく、地震や洪水などの自然災害や交通事故の現場から、にげおくれた人やけがをした人などを助け出します。

がけから落ちてしまった人をロープとたんかを使って助けたり、交通事故の現場では車にとじこめられてしまった人を、工具を使ってドアをこじ開けてすくい出したりします。

救助がひつような場面では、さまざまな方法で人々を助け出さなくてはいけません。そのため、すばやくロープをむすんだり、とくべつな道具を使ったりできるように、日ごろから訓練をしています。

## 救命活動――救急隊の出動

けが人や具合がわるくなった人を助けるため、救急車で出動します。現場に着いたら、助けがひつような人の具合をかくにんしたり、まわりの人から状況を聞いたりして、応急処置（その場ですぐに行える手当）を行います。

たとえば、血が出ていれば止血し、ほねがおれていれば固定をします。心ぞうがけいれんしている人には、AED（自動体外式除細動器）というきかいで電気ショックをあたえ、心ぞうの動きを元にもどします。こうした応急処置を行いながら、かん者を病院へと運びこみます。

▲ けが人や病人を乗せる。

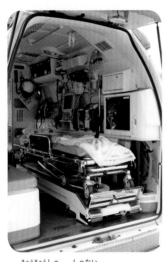

▲ 救急車の車内。

救急車には、いろいろな医療機器が用意されています。

▼ 訓練塔。

▼ 消火訓練。

## トレーニングと訓練

消防署ではたらく人たちは、さまざまな災害や事故、火事の現場でも活動ができるように、つねにトレーニングをして体をきたえています。

また、それぞれの隊では、せん門的な訓練をしています。たとえば、消防隊はホースから水を出す放水訓練や、すばやく防火服を着る防火衣着装訓練をします。救助隊はとくしゅな道具の使い方を学んだり、山で起きた事故でも活動できるように山岳救助の訓練を行います。救急隊は、心ぞうマッサージやAEDのそうさが正しく、すばやく行えるように訓練しています。

こうした訓練のつみかさねが、消防署の活動をささえています。

# 消防署の仕事の くふう

## 消防用のせつびを点検して、もしもの時にそなえる

火事は起きないにこしたことはありません。しかし、もし火事が起きてしまっても、大きな火災にならないように、学校やビルなどたくさんの人が集まる建物には、消火栓や消火器、防火扉、火災報知器といったせつびがあります。これらは法りつで、とりつけることが決められています。

これらの消防用のせつびが、しっかりと管理されているかを定期的に点検し、もしもの時にすぐに使えるようになっていなければ、しどうをします。こうした活動は、消防署の中の「予防課」の職員が担当しています。

消防署の日々のとり組みは、もしもの時に火事を広げないためにもかかせない活動なのです。

▲ 学校内の防火扉。

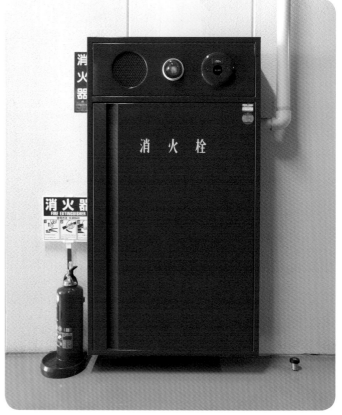

▲ 消火栓と消火器。

# 防災訓練を行って、もしもの時にそなえる

消防署では、地いきに住む人たちに防災へのかんしんを高め、正しい知しきを持ってもらうため、防災訓練を行っています。火事や地震のような自然災害が起きても、被害をできるだけ小さくするためのとても大切な活動です。

防災訓練では、消火器をじっさいに使ってみる「初期消火訓練」、安全な煙でいっぱいになったテントの中を通る「煙体験訓練」、トラックの荷台につけたきかいで大きな地震のゆれを体験する「地震体験車訓練」など、身近に起こる災害がどのようなものなのか知ることができます。そして、どのようにして災害から身をまもるのか、被害を小さくするのかを、消防署の職員が直せつ教えています。自治体では、自分たちで防災訓練を計画して行っており、いらいがあれば消防署の職員が出向くこともあります。

小学校で防災指導を行う時には、子どもたちにわかりやすいように、紙しばいや映像などを使って、せつめいします。

また、消防署への見学を受け入れることもあります。見学を通じて、防災へのかんしんを高めてもらいます。じっさいに消防隊員の訓練を体験したり、とくしゅな道具や消防車、救急車を見たりすることができます。

こうした防災の活動は、安全で安心なわたしたちの生活をささえる大切なものなのです。

▲ 消火体験をする子ども。

▲ 地震体験ができる車。

▲ 煙体験訓練をする。

# 地元の消防団ときょうりょくする

消防団とは、火事や災害が起きた時に、消防隊とともに消火や救助を行う、地いきに住んでいる人のことです。ふだんは別の仕事をしている人がほとんどで、消防署の職員ではありません。

消防団は地いきごとにおかれていて、小さなポンプ車や消火活動にひつような道具を持っています。消防署から出動の連絡があると、現場に向かいます。

日ごろから、地いきの見まもり活動をしたり、消防隊と合同訓練を行ったりしています。

# 図書館

公共図書館、学校図書館などがあります。
ここでは、公共図書館をしょうかいします。
いろいろな本がおいてあり、その場で読んだり、
地いきに住む人ならだれでも、本を借りたりできます。

# 図書館ではたらいている人

## 司書

図書館におく本をえらんだり、本だなの整理をしたり、大事な資料をほぞんしたり、利用者への本の貸し出しをしたりしています。ほかにも、利用者がさがしている資料を見つけ出したり、図書館においてほしい本のリクエストを受けつけたり、障がいのある人を支援したりします。本や新聞、CD、DVDなどの資料を通じて、地いきに住む人みんなが、文化的な生活を送れるようにしています。ちなみに、学校にいる司書のことは「学校司書」といいます。

### ことば
#### 学校司書

小学校、中学校、高校の図書館ではたらく司書のこと。児童・生徒・教員の利用をサポートしています。

## 仕事の道具

### パソコン

本の貸し出しや返却に使います。だれが、何の本を借りているか記ろくしています。

### たなざしプレート

利用者が本をさがしやすいように、作者の名前や五十音が書かれたプレートを本だなに設置します。

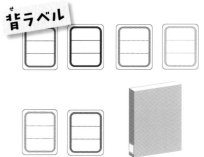

### 背ラベル

本の背にはるシール。本のおかれる場所が書いてあります。本をさがす時の目印にもなります。

# 図書館のお仕事

図書館では、地いきにかんする資料や、地いきで作られた資料も集めています。

## 本などの貸し出しと返却

司書は、カウンターで本などの資料の貸し出しや、返却を受けつけます。

貸し出しの手つづきをする時には、利用者から利用カードと借りたい本を受けとります。それぞれにバーコードがついているので、きかいでパソコンに読みこんで、貸し出しじょうほうを記ろくします。

返却の手つづきをする時には、利用者から受けとった本についているバーコードだけを、きかいでパソコンに読みこみ、返却されたことを記ろくします。図書館の本はみんなのものなので、返却の時には、本に借りた人の物がのこっていないか、やぶれたりよごれたりしていないかたしかめています。返却された本は、元の場所にもどします。また、図書館がしまっている時にも、本を返すことができるように、返却ポストを設置しています。

はじめて図書館の本を借りる人に利用カードを作ったり、借りたい本の予約の受けつけもカウンターで行っています。

▲本の貸し出しをする。

▲返却ポスト。

▼利用者がさがしている本を見つける。

## レファレンスサービス

「○○という作家のデビュー作が読みたい」「ダンゴムシの飼い方がわかる本はありますか」「主人公が小学生の本を教えてください」「○○のデータがわかる本がひつよう」など、図書館では毎日、利用者からさまざまなしつ問や相談がよせられます。

そこで司書は、利用者の読みたい本をさがしたり、知りたいことがのっている資料を見つけたりします。これを「レファレンスサービス」といいます。利用者の学習や研究、調査などを助ける大事な仕事です。

## 本の整理としゅうふく

　図書館の本は、日本十進分類法というルールによって、内ようやしゅるいごとにわけてならべていて、それぞれ決まった場所におかれるようになっています。そのため、司書は新たに仕入れた本や返却された本を、ルールに合わせて正しい場所においています。

　利用者が本だなに自由においてしまうと、本を見つけ出せなくなってしまうので、まちがった場所におかれた本があれば、整理をします。

　また、本がよごれていたり、やぶれていたりする時は、きれいにしたり、直したりします。

　仕入れたばかりの本の表紙には、とうめいなフィルムをはって、よごれや水ぬれにつよくし、長く利用できるようにします。

▲ 返却された本を、たなにもどす。

ほかの図書館の資料をとりよせて、利用者に貸し出すこともあります。

▼ たくさんの本は、司書が1冊1冊えらんでいる。

## 図書館におく本をえらぶ

　図書館におく本をえらぶことを、「選書」といいます。かぎられた予算の中で、図書館で新たにどのような本をあつかうか決める大切な仕事です。

　本をえらぶ時には、図書館にとどくカタログや見本を見たり、本の展示会などに行きます。利用者からのリクエストや人気のある作家、話題になっている本、ニュースになっているテーマなど、さまざまなじょうほうをもとに、図書館におく本を決定します。同じジャンルの本ばかりにならないように注意します。

　新しく入った本は、図書館の新着本のコーナーにしばらくの間ならべて、しょうかいします。

## ここに注目！
# 図書館の仕事の くふう

## さまざまなイベントを行う

図書館で行うさまざまなイベントを、定期的に企画しています。

絵本の読み聞かせ、夏休みの宿題などに役立つ工作会、けん玉教室、映画の上映会、作家のトークショー、俳句教室、音楽コンサート、読書会など、本にかかわることを中心に、はば広いジャンルのイベントを行っています。

イベントにより、子どもから大人まで、地いきに住むたくさんの人に利用してもらい、みんなから親しまれ、だれもが文化的な生活を送れるように、図書館を運えいしているのです。

また、利用者が勉強会などを開けるように、会議室などの場所のていきょうも行っています。

▲ 絵本の読み聞かせ会を開く。

# 話題のテーマの本をしょうかいする

　きせつや行事、話題のテーマの本を集めて、しょうかいしています。

　たとえば、貸し出しの多かった本をしょうかいしたり、サッカーの世界大会がある時にはサッカーの本を集めたり、冬になると利用がふえるあみ物の本を集めててんじしたりします。

　図書館の中でもとくに、きせつや行事とかかわりが深いのが、子ども向けの本です。お正月・ひなまつり・七夕・夏休み・お月見・ハロウィン・クリスマスといった行事が近づくと、その行事にかんけいする本の利用がふえるので、本をあらかじめ集めて、おりがみなどで作ったかざりといっしょにならべます。

　このように図書館では、利用者と本をつなぐとり組みがいつも行われています。

▲貸し出しランキングを知らせる図書館もあります。

# だれもが利用できる図書館に

　図書館は、地いきに住むだれもが利用できる場所です。そのため、目が不自由な人も本を楽しめるように、点字図書やオーディオブック[*]を用意し、貸し出しも行っています。図書館まで来るのがむずかしい人には、郵便での貸し出しもしています。点字図書は点字郵便物としてあつかわれるため、送料はかかりません。きぼうのあった資料を、司書やボランティアが対面で読み上げるサービスもあります。

　「点字で読みたい」というリクエストがあった本を、点字にするサービスもしています。これを「点訳」といい、かんせいしたらファイルにとじて利用者に貸し出します。

▲点字の本を読む人。

＊オーディオブック──目が不自由な人のために、本を読み上げ、ろく音したCDなどのこと。高齢者や音声の方がわかりやすいといった人も利用しています。

# 高齢者福祉施設

毎日の生活に助けがひつような高齢者が、けんこうにすごせるようにささえる施設。
高齢者の食事や入浴の手つだい、レクリエーションなどを行います。
ここでは、日中だけ家族とはなれてすごすデイサービスを中心にせつめいします。

# 高齢者福祉施設ではたらいている人

## ケアマネージャー

介護支援専門員ともいいます。ケアプラン（高齢者がどのような介護のサービスを受けるかの計画）を作ります。介護のサービスはたくさんあるので、介護を受ける人やその家族に、どのようなサービスが受けられるのかをていあんします。利用にかかるお金のことや、どのようにサービスを利用していくのか、ふだんのくらしを見ながら、本人や家族と相談します。

## 介護福祉士

高齢者の日常生活をサポートしています。食事や入浴などを助けるほか、高齢者のけんこうをたもつために、体そうやしゅみの時間を作ったりします。家族には言いにくいことを聞いたり、相談を受けることもあります。日中に高齢者をあずかっているので、その間に高齢者の家族は仕事をしたり、家事をしたり、介護を休むことができます。

このほかにも、介護などについての相談を受ける生活相談員、食事のメニューを考える管理栄養士、リハビリを行う理学療法士といった人がはたらいています。

## 仕事の道具

送迎車

デイサービスを利用する高齢者を、送りむかえするための車です。車いすの高齢者を乗りおりさせられるように、車のトランク部分には、リフトやスロープがついています。

車いす

体が不自由な高齢者の移動のために使用します。

PHS

ほかの職員とすぐに連絡がとれるように、持ち歩いている携帯電話。

# 高齢者福祉施設のお仕事

高齢者の体をささえるので、とても力がいる仕事です。

## 利用者の送りむかえ

▲利用者を送迎車に乗せる。

デイサービスを利用する高齢者の多くは、自分の足で施設に行くことがむずかしいので、施設が用意した車で、利用者の送りむかえをしています。介護福祉士や施設の職員は、高齢者につきそい、車の乗りおりなどを手つだいます。

また、週に数日だけデイサービスを利用する高齢者もたくさんいます。デイサービスを利用していない間の高齢者の体調などを、むかえに来た時に、家族にかくにんするのも介護福祉士の仕事の一つです。

その日のプログラムがおわると、今度は利用者を家まで送りとどけます。

## 食事の手つだい

▶食事の手つだいをする。

◀利用者用の浴そう。

## 入浴やトイレの手つだい

高齢者の中には、食器を持つ力や食べ物をかむ力が弱く、一人でうまく食事がとれない人もいます。そのような利用者には、介護福祉士がスプーンですくって食べさせたり、のどに食べ物をつまらせないように見まもります。

施設でていきょうされる食事は、介護福祉士も同じように食べています。高齢者が食べにくくないか、味やえいよう面で問題はないかなどもかくにんしています。

思い通りに体を動かせない高齢者にとっては、入浴やトイレもとてもむずかしいことなので、介護福祉士がつきそいます。

入浴の時、体を起こすのがたいへんな高齢者には、横になったまま入浴できる浴そうを使います。浴そうには、せん用のリフトを使って入ります。おぼれたり、けがをするなどの事故が起きないようにサポートします。

また、一人でトイレに行けない人につきそい、ズボンの上げ下ろしを手つだったりします。

## ケアプランを作る

　ケアマネージャーは、高齢者にどのような介護サービスがひつようか、市区町村などの調査をもとに計画を立てます。ケアマネージャーが調査に行くこともあります。

　体の調子や、入浴やトイレなどが自分でできるか、家族でどれくらい介護できるのか、介護サービスにどのくらいお金をはらえるのかなど、サービスを受ける本人や家族にくわしく聞きます。そ

のうえで、介護福祉士、医師などのスタッフと相談して、ケアプランをていあんします。

　ケアプランでは、利用者が施設に通うデイサービスや、数日の間施設にとまるショートステイ、ホームヘルパーが家に行って介護をする訪問介護など、サービスの内ようを決めます。また、どこの施設を利用するのか、どのようなサービスを、週や月にどのていど受けるのかも決めています。

▲ ケアプランを相談する。

利用者が飲む薬の管理もしています。

▼ 自宅で訪問介護のサービスを受ける。

## 定期的に訪問する

　ケアプランは一度作ったらおわりではありません。高齢者の体の調子や、ふだんささえている家族の状況などによって、ケアプランを見直すことがあります。

　ケアマネージャーは、介護を受けている人の元を定期的におとずれて、介護サービスをきちんと

受けられているか、問題やこまっていることはないかなどかくにんします。

　たとえば、はじめは自分で歩けていた高齢者が、けがをきっかけにして体が不自由になることもあります。歩けていた時のケアプランでは、高齢者はじゅうぶんな介護サービスを受けられません。

# 高齢者福祉施設の仕事の くふう

## レクリエーションを行う

▲体そうをする介護福祉士と利用者。

　高齢者福祉施設では、日常の生活を手助けするだけではなく、高齢者に楽しい時間をすごしてもらえるように、レクリエーションを行います。体をかるく使ったゲームをしたり、かんたんな体そうをしたり、近所にさん歩に出かけたり、歌をうたったり、手芸をしたり、ぬり絵をしたり、音楽発表会をしたりと、さまざまなことを行っています。

　ほかにも、お正月の書きぞめやクリスマス会といった、きせつを感じることができる行事も企画しています。

　こうしたレクリエーションや行事を通じて、利用者に楽しい時間をていきょうしながら、ひつような運動や頭の体そうもしてもらい、元気で、けんこう的な生活を送れるようにしているのです。

# チームワークでささえる

　高齢者福祉施設では、介護福祉士やケアマネージャーなどの職員が、つねにきょうりょくしながら仕事をしています。ケアプラン通りの介護サービスが行われているか、利用者やその家族にトラブルが起こっていないかなど、打ち合わせや会議をして、じょうほうを共有するようにしています。
　ほかにも、入浴をサポートする時に、体の重い高齢者を一人でささえるのはむずかしいため、事故がないように2～3人できょうりょくして行ったり、理学療法士[*]・作業療法士[*]・言語聴覚士[*]といった職員がいる施設では、体のきのうを回復させるためのさまざまなリハビリテーションに、きょうりょくしてとり組みます。

▲ サービス内ようの打ち合わせをする。

＊理学療法士——立つ、すわる、歩くなどの日常の運動や動作ができるようにしどうする人。
＊作業療法士——手芸や工作、あそびなどを通じて、日常のこまかな動作をしどうする人。
＊言語聴覚士——話す、聞くといったコミュニケーションがうまくできるようにしどうする人。

# 利用者やその家族の相談にのる

　高齢者福祉施設では、高齢者やその家族がかかえているさまざまな問題の相談にのっています。

その中でも、相談をせん門に受けつけているのが、生活相談員です。
　生活相談員は介護サービスも行いますが、施設の見学のガイドや施設利用のけいやく、ケアマネージャーや地いきのかんけい機関との連絡と調整、サービスをもっとこんな風に変えてほしいといった高齢者やその家族からのようぼうを受けつけるまど口などをしています。
　また、高齢者やその家族のようぼうが、施設で受け入れられない場合があります。その理由になっとくしてもらえるよう、ていねいにせつめいするのも生活相談員の仕事です。

▲ 利用者や家族の相談にのる。

# 病院

ここでは、子どもの体調がわるい時に
診察やちりょうをしたり、予防接種を行う

こどもクリニックをしょうかいします。
地いきの子育てをささえる場所として、
親が育児の相談などをできる
教室を開いている病院もあります。

# 病院ではたらいている人

**ことば**
## こどもクリニック
小児科ともいいます。赤ちゃんや子どもをみるのがせん門です。

**医師**

**看護師**

診察やちりょう、予防接種、乳幼児健診など、子どもの健康をまもるため、さまざまな仕事をしています。こどもクリニックの場合、多くのかん者は子どもたちなので、リラックスしてもらえるようにやさしくせっしたり、おもちゃを用意していたりします。また、家族に病気のせつめいをします。

診察やちりょうがスムーズに行われるように、じゅんびやサポートをします。はじめに体温や症状を聞いたり、注射や点てきの用意もします。かん者やその家族に声をかけ、かん病する時のアドバイスをしたりします。

## 仕事の道具

**聴診器**
むねや背中にあてて、心ぞうや肺の音を聞き、問題がないかをたしかめます。

**耳鏡**
耳の中を診察する時に使います。

**おもちゃ**
赤ちゃんや子どもがリラックスして、スムーズに診察やちりょうが受けられるようにおいています。

# 病院のお仕事

## 診察と診断

かん者の診察内ようを記ろくしたものを「カルテ」といいます。

具合のわるい赤ちゃんや子どもを診察室に入れたら、医師はまず、「熱がある」「せきがとまらない」「おなかをこわしている」など、いつから、どんな症状が出ているのかを、家族にくわしく聞いていきます。そして、聴診器で胸の音を聞いたり、口の中やのどの奥、耳の中をみたり、首やおなかをさわって、かん者にどういった症状があるのかをじっさいにたしかめます。

赤ちゃんや小さな子どもは、自分で症状をうまくつたえられないので、注意して診察します。

保育園や幼稚園、学校ではやっている病気がないかを家族に聞いたりもします。ひつようがあれば、インフルエンザにかかっていないかなどの検査も行います。

医師は診察をもとにして、診断をします。病気のせつめいをしたり、せきどめや解熱剤など、出す薬のしゅるいをつたえたりします。

▲おなかをさわって診察をする。

▼予防接種をする。

## 予防接種

予防接種とは、とくていのウイルスや細きんがひき起こす病気から、人々をまもるためにあらかじめ行われる注射のことです。インフルエンザ、風しん、水ぼうそうなど、たくさんのしゅるいがあります。

赤ちゃんは生後2カ月から、予防接種が受けられるようになります。受けるべき予防接種は決められています。小さい時からたくさんの予防接種をしておき、おそろしい病気にかからないようにそなえておくのです。

こどもクリニックでは、予防接種を受けに来る人もたくさんいるので、具合のわるい子どもとはちがう部屋で待ってもらったり、診察と予防接種の受けつけ時間をわける場合もあります。

## 乳幼児健診

　赤ちゃんは順調に育っているか、何か病気を持っていないか、病気にかかっていないかなどを定期的にみる健康診断を、「乳幼児健診」といいます。地いきによってちがいますが、こどもクリニックでは主に、生後6～7、9～10カ月の健診を担当します。この健診は、すべての赤ちゃんが、かならず受けなければいけません。身体測定のほか、6～7カ月健診ではねがえりやおすわりなどの体の発育、9～10カ月健診ではハイハイやつかまり立ちの様子、物をきちんとつかめるか、見たり聞いたりできているかなどをかくにんします。

　もし何か気になることが見つかった場合、医師は大きな病院などをしょうかいして、診察を受けてもらうように手配します。

▲赤ちゃんの反応をたしかめる。

健診の結果や打った予防接種は、母子手帳に記ろくします。

▼一時的に、病気の子どもの世話をする保育士。

## 病児保育

　37.5℃以上の発熱があるなど、病気の子どもは保育園や幼稚園であずかることができません。しかし、親が仕事を休めず、子どものかん病ができない場合もあります。そんな時に、体調に不安がある子どもを一時的にあずかり、世話をするのが病児保育です。

　こどもクリニック内にある施設で、保育士が病児保育を担当しています。医師が診察したり、もし子どもの体調が急にわるくなっても、すぐに対応することができます。

# ここに注目！
## 病院の仕事の くふう

## 病気になった時の生活をアドバイス

▲ 病気の時のすごし方をアドバイスする。

医師は診察をして、診断にもとづいて薬を出すだけが仕事ではありません。子どもがかかった病気は、どういった症状が出るものなのかをせつめいします。そしてかん病をする時に、「水分をしっかりとらせてください」「人にうつるので、家でもマスクをした方がいいですよ」といった家族が気をつけることもアドバイスしています。

ほかにも、「食事をするのはむずかしいと思うので、アイスクリームやゼリー、とうふなどの冷たいものや、やわらかいものをあたえてください」「少しまくらを高くすると、息がしやすいですよ」など、病気の子どもが少しでも楽になるような生活の仕方もアドバイスします。

# 子育てや子どものなやみの相談にのる

　親の子育ての相談を受けつけているこどもクリニックもあります。

　こどもクリニックは、ふだんから具合のわるい子どもを診察したり、乳幼児健診を行ったりしているので、子育てをする家庭にとってとても身近で、たよりにされるそんざいです。

　また、子どもについての医学的な知しきもあるので、子育てをする中で、子どもの成長や生活について、いろいろと不安を感じている親の相談にのることができます。親のなやみに答えたり、アドバイスしたり、受けられる支援をしょうかいします。

　また、子どもの心の問題についての相談を受けつけている病院もあります。友だちと仲よくできなくてストレスに感じたり、学校に行けなくなってしまったり、両親にもっとあまえたいといった

▲ 子育ての相談を受けることもある。

気持ちをがまんして、おなかや頭がいたくなってしまう子どももいます。そんな時に、子ども自身がすなおに気持ちを話したり、家族が相談できるようにしています。

# セミナーやイベントを開く

　こどもクリニックでは、子育てについてさまざまな教室やイベントを開いているところもあります。

　たとえば、はじめて親になる人のために、心のじゅんびや用意しておく物などをアドバイスするセミナーや、はじめて親になる人同士が交流するイベント、体を使ったふれあい方を体験できる親子のヨガ教室などを企画しています。

　地いきの子どもの医りょうの中心としてだけではなく、こどもクリニックは、地いきの子育ての中心としても活動を行っているのです。

▲ 子育て支援セミナーを開く。　▲ 親子のヨガ教室。

鉄道会社が運えいしています。電車が止まったり、出発したりする施設です。
目てきの場所に電車で行くために、毎日たくさんの人が利用しています。

# 駅ではたらいている人

たくさんの人たちが利用する交通機関のこと。鉄道（電車）以外に、バス、飛行機、船などがふくまれます。

### 運転士

時刻表通りに電車を運行できるようにしています。電車にたくさんのお客さんを乗せているので、安全に気を使いつつ、集中して運転を行います。事故や地震などが起きても対応できるような運転ぎじゅつと判断力がもとめられます。運転にひつような能力に問題はないか、定期的に検査を受けています。

### 駅員

駅の安全をまもるため、ホームで電車の到着や発車のアナウンスをしたり、車いすの人がスムーズに乗りおりできるように手助けしたり、まど口できっぷや道のあん内をしたりしています。

このほかにも、電車に乗って車内アナウンスを行ったり、ドアの開け閉めなどをする車掌や、電車の点検や整備を行う車両整備士などがいます。

## 仕事の道具

### 白手袋

駅員が車外での合図を目立たせたり、運転士が電車を運転する時につけます。

### 手ばた

駅のホームから、電車に合図を送る時に使います。

### 懐中時計

電車を時間通り走らせるために持っています。運転席には、おく場所があります。

31

# 駅のお仕事

お客さんが線路に
物を落としたら、
マジックハンドでとります。

## 駅員──お客さんの電車の乗りおりや発車をサポート

駅員は、お客さんが安全に電車を乗りおりして、スムーズに電車が発車できるように、ホームに立っています。たとえば、「間もなくドアがしまります」と今から電車が発車することを伝えたり、ドアをしめる時にお客さんが走って乗りこまないように「かけこみ乗車はおやめください」と注意をよびかけたりしています。

事故や具合のわるくなった人への対応で、電車がおくれた時にも、運行の状況をアナウンスしたり、改札で遅延証明書[＊]を配ったりして対応しています。

＊遅延証明書──電車がおくれたという証明書。学校や会社では、本当に電車の遅延による遅刻なのかをかくにんするために使われています。

▲ 発車ベルをならして、電車が動くことを知らせる。

▼ 指定席券や特急券などが買えるまど口。

## 駅員──きっぷの販売やあん内をする

駅のまど口では、定期券（ある一定期間・区間なら、何回でも乗りおりできる乗車券）や新幹線などのきっぷの販売を行っています。券売機の使い方がわからないお客さんのきぼうするきっぷや席を用意したり、まど口でしかあつかっていないきっぷの販売も行っています。

ほかにも、券売機やまど口で支払われた料金を回収して、記ろくされている売上金額とじっさいにあるお金が合っているか、かくにんします。
また、「東口はどちらですか？」「まちがったきっぷを買ってしまった」といった、お客さんからのしつ問に対応するのも大切な仕事です。

## 運転士——電車を運転する

運転士は運転のルールをしっかりとまもり、安全を第一に、電車を時刻表通りに運行しています。多くのお客さんの命をあずかるので、きちんと運転ができるかたしかめるために、運転士は体調のチェックを受けています。

電車を出発させる時には、前方を指さして安全かくにんをしたり、大雨や雪など天気がわるい時には、電車の速さをおさえたり、ブレーキをかけるタイミングにも気をつけて運転をします。

また、運転士は事故を起こさないように、しっかりと休み時間をとるように、スケジュールが組まれています。電車は朝早くから夜遅くまで動いているので、運転士は駅にとまって、翌朝の運転にそなえる場合もあります。

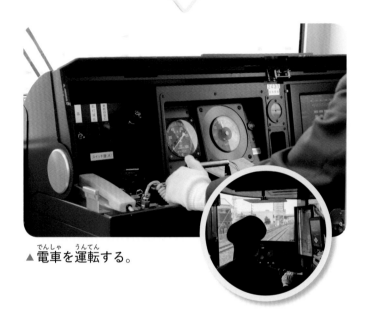

▲電車を運転する。

イベントが近くであると駅がこむので、かくにんしておきます。

▼車掌がホームの安全をかくにんするためのモニター。

## 運転士——車両やホームの安全かくにん

その日はじめて動かす電車を運転する前には、運転士は安全に運行できるように、車両の安全かくにんや点検を行っています。電車の外から、車体の下の部分に異常がないかをかくにんします。

車内では、運転席のきかいをひと通りチェックしてから、車内をまわって問題がないかを見ます。電車の運転を交代する時は、ホームで電車の到着を待ちます。あらかじめ線路の上に物が落ちていないか、信号機やパンタグラフ（電気を車両にとどけるきかい）に問題はないかなど、ホームの安全かくにんを行っておきます。

電車が着いて運転を交代する時には、おくれやトラブルがなかったか、運行の状況をかくにんして、運転士は電車に乗りこみます。

# ここに注目！

## 駅の仕事の くふう

# たくさんのお客さんのしつ問に答えられるようにする

| | | | | |
|---|---|---|---|---|
| ○ 大阪環状線(内回り) Ōsaka Loop Line P Q R S | 西九条・新今宮・天王寺・ユニバーサルシティ・奈良・✈関西空港・和歌山 方面 for Nishikujō, Shin-Imamiya, Tennōji, Universal-city, Nara, Kansai-airport, Wakayama | | | |
| 種別 Type | 乗車位置 Boarding Position | 時刻 Departure Time | 行先 Destination | 遅れ Delay |
| Yamatoji Rapid | △ 1～8 | 13:58 | Nara, Kamo | |
| Local | △ 1～8 | 14:03 | Loop-Line | |
| Airport/Kishūji Rapid | △ 1～8 | 14:08 | Kansai airport Wakayama | |
| Yamatoji Rapid | △ 1～8 | 14:13 | Nara | |
| Local | ○ 1～8 | 14:18 | Loop-Line | |

**1**

▲ 英語でもあん内をする発車標。

　駅は、小さな子どもから高齢者、外国人、障がい者までたくさんの人たちが利用しています。公共交通機関として、すべての人たちが安心して駅を利用できるように、駅の職員たちは心がけて仕事をしています。

　たとえば、耳が不自由なお客さんからのしつ問には、紙とペンを使って文字で会話をする「筆談」を行って、あん内をしています。

　外国人のお客さんの利用もふえているので、外国語ができる職員をふやしたり、AI通訳機(日本語で話したことを外国語に、外国語で話したことを日本語に翻訳して、音声と文章にするきかい)

を職員に持たせている鉄道会社もあります。

　ほかにも、駅の中のあん内板を路線ごとに色分けしていたり、外国語も表記して多くの人がまよわずに目的地へ行けるようにくふうしています。

▲ 荷物をなくしたお客さんに、外国語で話をする駅員。

# みんなが駅や電車を利用しやすいように

駅は、高齢者や障がい者など体が不自由な人たちも利用しています。そのため、バリアフリー[＊]な施設であることがもとめられています。

たとえば、車いすの人でも駅の中を移動しやすいようにエレベーターやスロープをつけたり、券売機の高さをひくくしたり、トイレや通路を広くして出入りしやすくしています。電車の乗りおりをする時には、車いすの人が安心して乗りおりできるように、手助けをしています。車内には、車いすやベビーカー用のスペースがあります。

ほかにも、目が不自由な人のために点字ブロック[＊]や、点字つきの運ちん表、手すりなどが用意されています。

また、電車ではふつうペットはかごにいれなければいけませんが、盲導犬、介助犬、聴導犬といった障がい者や高齢者の歩行を助けるほじょ犬[＊]はそのまま電車に乗ることができます。

▲ 車いすのお客さんの電車の乗りおりを手つだう。

＊バリアフリー——段差をなくしたり、通路を広くしたりして、体の不自由な人がふべんに感じないようにすること。

＊点字ブロック——目の不自由な人に道をあん内するものと、注意をうながすものがあります。

＊ほじょ犬——盲導犬は目の不自由な人の、介助犬は手や足が不自由な人の、聴導犬は耳が不自由な人の、歩行や生活を助けるためにはたらいている犬。

Welcome!
ほじょ犬

## 知っておこう！ 駅や電車で見かけるマーク

優先席

マタニティマーク

ヘルプマーク

小さな子どもを連れた人、妊婦、高齢者、けがをしている人、具合のわるい人に、優先して席をゆずるようにうながすマーク。

「おなかの中に赤ちゃんがいます」というマーク。妊娠のはじめのころはとても大切な時期なので、お母さんのおなかが大きくなくても、まわりの人がわかるように作られたマーク。

体や心の病気など、外見からはわかりにくいことで、支援や配りょをひつようとしている人を表すマーク。

# 宅配便

お客さんやお店からあずかった荷物を、とどけ先まで安全に運んでいます。
荷物を受けとりにいく集荷、とどけ先ごとに荷物をわけていく仕わけ、
荷物をとどける配達といった作業を行っています。

# 宅配便ではたらいている人

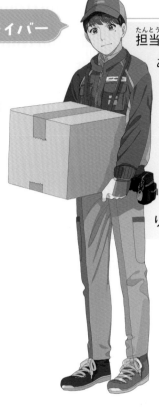

## 宅配便ドライバー

担当するエリアに住む人やお店あての荷物をとどけます。時間や日にちの指定があれば、それにしたがってとどける場合もあります。配達を行いながら、荷物の集荷もします。集荷した荷物は、営業所に持ち帰ります。

## 仕わけスタッフ

営業所にとどいた荷物を、行き先ごとにわける作業をしています。たくさんある荷物をこうりつよく運ぶために、かかせない作業です。

### ことば
### 集荷

いらいのあったお店や家、会社に行き、発送したい荷物をあずかること。

## 仕事の道具

### 台車

重い荷物を運ぶのに使います。ケースがついているものもあります。

### 配達伝票

1234-5678-9000

とどけ先、送った人、荷物の中身などが書かれています。伝票のじょうほうをもとにして、配達が行われます。

### メジャー

集荷をする時に、配達の料金を調べるために、荷物のサイズをはかります。

# 宅配便のお仕事

とても重たい荷物を運ぶこともあるので、体力がひつようです。

## 荷物を仕わける

　日本の各地にある物流ターミナルから、トラックで営業所に荷物が運ばれてきます。この荷物は、営業所が配達を担当している地区にとどけるものです。

　仕わけスタッフはとどいた荷物の送り先のエリア、配達時間をかくにんしながら、さらにこまかく仕わけていきます。こうして、宅配便ドライバーが配達を受け持っているエリアごとに荷物がまとめられています。

　宅配便ドライバーは、配達エリアごとにわけられた荷物を、ひとつずつチェックしながら携帯端末機に登録し、トラックにつみこみます。

▲仕わけされた荷物がレーンを進んでいく。

▼荷物を配達する。

## 荷物をとどける

　宅配便ドライバーは、その日に配達する荷物の数や、お客さんが荷物をとどけてほしいと指定した時間などを見て、配達するルートを考えます。そのうえで、トラックに荷物をつみこんでいます。たとえば、先に配達を行う荷物は、トラックの荷台の手前につんでおき、とり出しやすくしておきます。逆に、おそい時間の配達をきぼうしている荷物などは、荷台のおくにつみこみ、配達をこうりつよく行えるようにしています。

　こうして、あずかった荷物をきずつけないようにていねいに運転して、配達先の近くにトラックをとめ、荷物をお客さんの家やお店、会社にとどけています。

## 荷物を集める

　ドライバーは配達をしながら、担当するエリアの家やお店、会社などを回って、発送したい荷物を集める集荷の仕事も行っています。

　契約しているコンビニ、スーパーなどのお店や会社などは、あらかじめ決められた時間に集荷に行き、荷物を受けとります。また、電話やインターネットで申しこみのあったお客さんのところへ出向き、集荷を行う場合もあります。

　集荷した荷物は、配達する荷物とまざらないようにわけてトラックにつんでおき、営業所にもどったら、集荷した荷物をおろします。

▲荷物を出したいお客さんの家にうかがう。

とどけ先でハンコやサインをもらって、配達はかんりょうします。

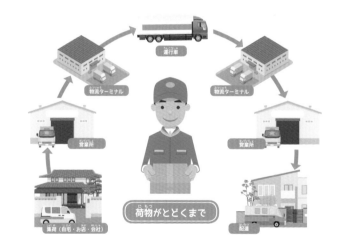

## 荷物が運ばれる仕組み

①宅配便ドライバーが、家やお店、会社などから荷物を集荷します。

②宅配便の営業所に荷物が集められます。お客さんが営業所に直せつ持ちこんだ荷物もあります。

③集まった荷物は、地いきの物流ターミナルへ運びこまれます。きかいや人の手を使って、配送先の物流ターミナルごとに仕わけされます。

④トラックにつみこまれ、配送先の物流ターミナルへ向かいます。

⑤配送先の物流ターミナルへ着いた荷物は、営業所の担当地区ごとに仕わけが行われます。

⑥配送先の物流ターミナルから、営業所が配達を担当している地区の荷物がとどきます。

⑦宅配便ドライバーが、荷物をとどけます。

# 宅配便の仕事の くふう

## 受けとる人がいなくても荷物がとどく

▲ マンションの宅配ボックス。

宅配便ドライバーの主な仕事は、お客さんに荷物をとどけることです。しかし、とどけ先に出向いたにもかかわらず、家にだれもいないなどの理由で、荷物を受けとってもらえないこともあります。

こうした場合にも、家やマンションの入り口に宅配ボックス（宅配ロッカー）が設置されていれば、その中に荷物をおき、配達をかんりょうする

ことができます。宅配ボックスを利用すれば、お客さんは仕事や用事で家を空けていても、荷物を受けとることができます。また、宅配便ドライバーもふたたび配達に行かなくてすむので、こうりつよく仕事を行うことができます。

お客さんに代わり、コンビニが荷物を受けとるサービスもあります。お客さんはすきな時間にコンビニに行き、店員から荷物を受けとれます。

# 再配達や時間指定ができる

お客さんはいつでも荷物を受けとれるわけではありません。そのため、お客さんが荷物を受けとりやすいよう、宅配便会社はさまざまなくふうをしています。

宅配ボックスへの配達サービスいがいにも、とどけ先に受けとる人がいなかった時、お客さんの都合がよい時間にもう一度荷物を運ぶ、再配達という仕組みがあります。

ほかにも、時間指定という仕組みがあります。時間指定は、荷物を受けとる人が、「何月何日の何時ごろに荷物をとどけてください」と、あらかじめ決めておくことができるサービスです。お客さんは配達に来る時間帯がわかるので、荷物を待っていることができます。

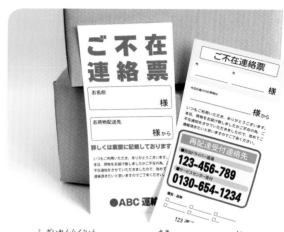

▲ ご不在連絡票を、とどけ先のポストに入れておきます。

# 荷物の送り方の相談を受ける

宅配便ドライバーや営業所ではたらく人は、どのように荷物を送ればいいか、お客さんから相談を受けることがあります。たとえば、アイスクリームやお肉を送りたいと思っても、時間がたつととけたり、いたんでしまいます。その場合は、「クール便」という荷物をこおったまま運べる送り方をていあんします。

ほかにも、急ぎの荷物を早くとどけたり、ゴルフ用品やスキー用品を施設までとどけたり、美術品を安全に送れる仕組みなどがあります。

お客さんのきぼうにあった送り方をしょうかいして、安心して荷物をあずけてもらえるようにくふうをしています。

▲ 電話で出荷の相談を受ける。

# 交番

まちの安全をまもるために、24時間、
警察官が交代ではたらいています。
道をあん内したり、落とし物をあずかったり、
トラブルがないかパトロールしています。
交番は日本で生まれ、
世界でとり入れられている仕組みです。

## 交番ではたらいている人

警察官

地いきの安全をまもっています。落とし物をあずかったり、道をあん内したり、こまりごとの相談を受けたりしています。担当する地いきを定期的にパトロールしています。

## 交番のお仕事

### 地いきのパトロール

地いきに住む人が、安心して生活ができるように、定期的にパトロールを行っています。夜おそくに外で遊んでいる子どもや、あやしい人を見かけたら声をかけます。また高齢者が詐欺にあわないように、注意をうながすためのパンフレットを配ることもあります。

## ここに注目！

### 交番の仕事の くふう

## みんなの「こまった」にこたえる

地いきに住む人のこまりごとにこたえるのも、交番の大切な仕事です。

たとえば、「郵便局に行きたいのですが、どう行けばいいですか」といったしつ問に答えたり、「携帯電話を落としました」「貸したお金を返してもらえない」「道を車がふさいでいて通れない」など、こまりごとの相談を受けつけたりもしています。地いきの人が気軽にしつ問や相談をしたり、かわったことがあれば話をしてもらえるように、警察官は日ごろから、まちの人とあいさつをした

▲ 交番の前で、相談を受ける。

り、コミュニケーションをとって、身近なそんざいと思ってもらえるようにしています。

## 交通安全のとり組み

交番では、警察署の「地域課」にいる警察官がはたらいています。担当する地いきで交通事故が起これば、さいしょにかけつけるのは交番の警察官です。

地いきで起きる交通事故をなくすために、同じ警察署の中でも「交通課」の警察官は、学校などで交通安全教室を開いています。交通安全教室では交通事故にあわないための正しい交通ルールやマナー、自転車の乗り方などについてしどうしています。こうした交通安全教室は、交通事故を起こらないようにするために、まちに住む人にとっても大切なとり組みです。

▲ 自転車の乗り方をしどうする。

43

# ほうこくする文章を書こう！

調べたり、見学をして、知りたかったことはわかりましたか。見つけた仕事のくふうを、ほうこくする文章に書いて、まとめてみましょう。この本の後ろにある「仕事のくふう ほうこくシート」をコピーして使いましょう。

## 1 たしかめよう！ ほうこくする文章の組み立て

下の図のように、つたえたいことを、内ようごとに、4つの大きなまとまりにわけます。

❶〜❹について、ほうこくシートの「書く材料を用意しよう！」のところに短い文章で書き出しましょう。調べたり、見学した時のメモも見返してみましょう。

❶ 調べた理由 ▶ ❷ 調べ方 ▶ ❸ 調べてわかったこと ▶ ❹ まとめ

### 記入れい

**タイトル**
えらんだ仕事と、見つけたくふうがわかるようにする。

**❶調べた理由**
えらんだ理由やきっかけを書く。

**❷調べ方**
使った本、見学先、インタビューを受けてくれた人の名前を書く。

**❸調べてわかったこと**
「わかったこと」と「考えたこと」を段落でわけて書く。

**❹まとめ**
❸の内ようを、短くまとめる。

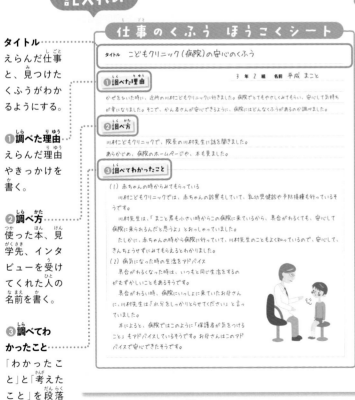

#### 仕事のくふう ほうこくシート

**タイトル** こどもクリニック（病院）の安心のくふう

3年2組 名前 平成 まこと

**❶調べた理由**
かぜをひいた時に、近所の川村こどもクリニックに行きました。病院でとてもやさしくみてもらい、安心して気持ちが楽になりました。そこで、かん者さんが安心できるように、病院にはどんなくふうがあるのか調べました。

**❷調べ方**
川村こどもクリニックで、院長の川村先生に話を聞きました。
あらかじめ、病院のホームページや、本も見ました。

**❸調べてわかったこと**
（1）赤ちゃんの時からみてもらっている
　川村こどもクリニックでは、赤ちゃんの診察もしていて、乳幼児健診や予防接種も行っているそうです。
　川村先生は、「まこと君も小さい時からこの病院に来ているから、具合がわるくても、安心して病院に来られるんだと思うよ」とおっしゃっていました。
　たしかに、赤ちゃんの時から病院に行っていて、川村先生のこともよく知っているので、安心して、きんちょうせずにみてもらえるとわかりました。
（2）病気になった時の生活をアドバイス
　具合がわるくなった時は、いつもと同じ生活をするのがむずかしいこともあるそうです。
　具合がわるい時、病院にいっしょに来ていたお母さんに、川村先生は「水分をしっかりとらせてください」と言っていました。
　本によると、病院はこのように「保護者が気をつけること」もアドバイスしているそうです。お母さんはこのアドバイスで安心できたそうです。

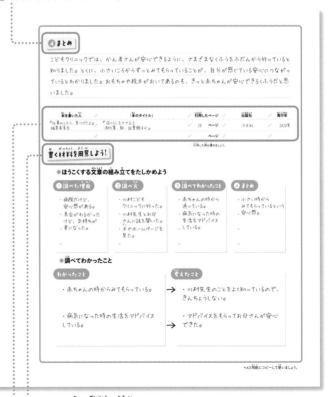

**❹まとめ**
こどもクリニックでは、かん者さんが安心できるように、さまざまなくふうをふだんから行っていると知りました。とくに、小さいころからずっとみてもらっていることが、自分が感じている安心につながっていると分かりました。おもちゃや絵本がおいてあるのも、きっと赤ちゃんが安心できるくふうだと思いました。

| 本を書いた人 | 本のタイトル | 引用したページ | 出版社 | 発行年 |
|---|---|---|---|---|
| 『仕事のくふう、見つけたよ』編集委員会 | ②くらしをささえる　消防署、駅、図書館ほか | 29 ページ | □□社 | 2020年 |
| | | ページ | | |

*引用した時は書きましょう。

**書く材料を用意しよう！**

◉ほうこくする文章の組み立てをたしかめよう

| ❶調べた理由 | ❷調べ方 | ❸調べてわかったこと | ❹まとめ |
|---|---|---|---|
| ・病院だけど、安心に感がある。・具合がわるかったけど、気持ちが楽になった。 | ・川村こどもクリニックに行った。・川村先生とお母さんに話を聞いた。・本やホームページを見た。 | ・赤ちゃんの時から通っている。・病気になった時の生活をアドバイスしている。 | ・小さい時からみてもらっているという・安心感。 |

◉調べてわかったこと

| わかったこと | | 考えたこと |
|---|---|---|
| ・赤ちゃんの時からみてもらっている。 | → | ・川村先生のことをよく知っているので、きんちょうしない。 |
| ・病気になった時の生活をアドバイスしている。 | → | ・アドバイスをもらってお母さんが安心できた。 |

＊A3用紙にコピーして使いましょう。

**さんこうにした本**
❷を見学先のことにした人は、本のじょうほうをここに書く。

**書く材料を用意しよう！**
短い文章で書き出す。

## 2 ほうこくする文章を書いてみよう！

### ポイント

**●れいをあげて書く**

その仕事のことをよく知らない人にも、つたわりやすくなります。

**●絵や写真を使う**

文章だけではつたわりにくいことを助けたり、注目させるこうかがあります。

**●段落をわけよう**

わかったこと（調べたこと・見たこと・聞いたこと）と、考えたことがくべつできます。

### ① 調べた理由を書く

どうしてその仕事について調べてみようと思いましたか。自分やおうちの人がよく行くお店や施設、すきな仕事など、えらんだ理由やきっかけを書きましょう。

また、注目した「仕事のくふう」にもふれましょう。何について書かれた文章なのか、はっきりさせることができます。

| えらんだ仕事 | 仕事のくふう |
|---|---|
| こどもクリニック | 安心のくふう |

### ② 調べ方を書く

**●本で調べたことをもとにして書く人**

「書いた人、本のタイトル、出版社、発行年」を書きましょう。本の一番後ろのページに書いてあります。

漢字やひらがな、カタカナ、数字はそのまま書きましょう。

この本の場合は、下のように書きます。

『仕事のくふう、見つけたよ』編集委員会、『②くらしをささえる　消防署、駅、図書館ほか』、汐文社、2020年

**●見学したことをもとにして書く人**

見学先の名前や、インタビューを受けてくれた人・あん内をしてくれた人の名前を書きましょう。

本もさんこうにした場合は、「本でも調べました」「本も読みました」と書いておきましょう。そして、「仕事のくふう　ほうこくシート」のさいごに本のじょうほうを書きます。

## ③ 調べてわかったことを書く

①で決めた「仕事のくふう」について、調べてわかったこと、考えたことをしっかりくべつし、それぞれかじょう書きにして、整理しましょう。

はじめに、わかったことを書きます。次に、それを知ってから自分で考えたことを書くといいでしょう。下の図のようなメモをもとにして、内ようを決めてから、文章を書きはじめましょう。

書くことがいくつかある場合は、（1）（2）のように番号をつけたり、「ひとつ目は、～です。」「ふたつ目は、～です」とわけましょう。

### ● 見学先の人の言葉や本の文章を、自分の文章で使う

これを「引用」といいます。自分の言葉とくべつするように注意して、使ってみましょう。

| わかったこと | 考えたこと |
|---|---|
| ・赤ちゃんの時からみてもらっている。 | ・川村先生のことをよく知っているので、きんちょうしない。 |
| ・病気になった時の生活をアドバイスしている。 | ・アドバイスをもらってお母さんが安心できた。 |

### 本の文章を引用する

1. 文章をそのままぬき出しましょう。
2. かぎかっこ（「　」）をつけましょう。
3. 本のじょうほうをしめしましょう。ほうこくシートのさいごに書きます。「書いた人、本のタイトル、引用した部分があるページ、出版社、発行年」のじゅんにしめしましょう。

『仕事のくふう、見つけたよ』編集委員会、『②くらしをささえる　消防署、駅、図書館ほか』、28ページ、汐文社、2020年

### 見学先の人の言葉を引用する

1. お店や施設の名前を出す。
2. 話をしてくれた人の名前を出す。
3. かぎかっこ（「　」）をつけましょう。
4. 段落をかえずに書きましょう。

具合がわるい時、病院にいっしょに来ていたお母さんに、川村先生は、「水分をしっかりとらせてください」と言っていました。
本によると、病院ではこのように「保護者が気をつけること」もアドバイスしているそうです。お母さんはこのアドバイスで安心できたそうです。

## ④ まとめを書く

　しょうかいしてきた「仕事のくふう」をふり返りましょう。調べてみた感想や、もっともおどろいたことなどを、短い文章で、かんけつに書きましょう。

### まとめに使える書き方

- 〜を知りました。
- とくに、〜におどろきました。
- こんどから、〜と思いました。
- 〜が大切だとわかりました。
- 今日から〜したいです。／したいと思います。

## 3 友だちと文章を読み合って、感想をつたえよう！

　友だちは、何の仕事をえらんで、どんなくふうを発見したでしょうか。友だちの文章を読んで、おもしろかったところや、はじめて知ったことなど、感想をつたえましょう。

　また、友だちの文章の書き方や、絵や写真の使い方にも注目してみましょう。わかりやすかった部分があれば、教えてあげましょう。

### ● グループで感想をつたえ合う時は

1. だれの「仕事のくふう　ほうこくシート」から読むか、順番を決めましょう。
2. 教室の時計で「○時○分まで」と読む時間を決めて、いっせいに読みましょう。自分の番の時は、自分のほうこくシートをあらためて読み返しましょう。
3. ほうこくシートを書いた人の左どなりの人から、時計回りに感想を言っていきましょう。
4. さいごにしつ問があれば、手をあげてから、書いた人にたずねます。
5. グループのみんながおわるまでくり返します。

# 仕事のくふう ほうこくシート

タイトル

_____

年　　組　　名前

**①調べた理由**

_____

_____

_____

**②調べ方**

_____

_____

_____

**③調べてわかったこと**